Vivir con Jesús

Una herramienta para el discipulado de niños

Bienvenido a la familia de Dios

Aprendemos sobre el Cuerpo de Cristo.

Daphne Kirk

Título en inglés: Living with Jesus. Welcome to God's Family
Versión revisada impresa en 2009 por Daphne Kirk

Versión en castellano revisada e impresa en 2011 por:
CREED ESPAÑA
C/ Marqués de Amboage 16 Entlo.
15006 La Coruña - España
info@cursoalpha.es
www.creedrecursos.es

Traducción y edición: CREED España.
Traductora: Susan Thomas
Editores: Laura Molinari, Nancy Maldonado
Diseño: Angela Palfrey
Maquetación: Montserrat Aparicio

0 1 2 3 4 5 6 7 8 9

ISBN 978 - 84 - 614 - 2623 - 2

Impreso en Publidisa y distribuído en España por CREED España

Contacto Daphne Kirk por email via su página web:
www.gnation2gnation.com

Introducción

Viviendo con Jesús es una herramienta para el discipulado. Puede ser usado en una gran variedad de entornos, pero quizás el más efectivo sea en el contexto del niñ@ con su padre o madre. En este material llamaremos al adulto "amigo especial", para que se pueda aplicar tanto a un padre como a un adulto responsable.

Abajo encontrarás unas pautas que te ayudarán a aprovechar al máximo el tiempo que pases con tu hij@. Reúnete con un solo hij@ a la vez; cada niñ@ es diferente.

1. Ten en cuenta que tú cambiarás y crecerás con el niñ@. Aplica los contenidos también a tu vida.

2. Intenta tener sólo una sesión por semana con tu hij@ (¡los valores no se pueden cambiar en un día!)

3. La meta de *Vivir con Jesús* es estimular el compartir y el profundizar en las relaciones. Para ello, escoge un ambiente tranquilo y relajado.

4. El material no está diseñado para responder a las preguntas, más bien para revelar asuntos que necesitan ser procesados y hablados.

5. Si no eres el padre o la madre, consigue siempre el consentimiento de los padres. Muéstrales el material. Pregúntales si les gustaría reunirse contigo y el niñ@. Reúnete en un lugar donde puedes ser visto y escuchado por otros. (Por ejemplo, en un lugar público.)

6. Recuerda: las respuestas honestas son las respuestas "correctas".

7. Si no estás seguro de cómo reaccionar o no tienes clara una respuesta, está bien reconocerlo y decirle a tu hij@ que hablarás de ello en vuestro próximo encuentro. Toma un tiempo para orar e investigar sobre el tema.

8. Busca formas creativas para aprender el versículo de memoria (ej. acompáñalo con gestos, haz un dibujo, elabora fichas, etc.)

Recuerda que éste es uno de los momentos más importantes con tu hij@. Tienes toda la sabiduría y unción del Espíritu Santo a tu disposición. Disfruta de este tiempo... ¡diviértete y espera la presencia de Jesús en medio vuestro!

Daphne Kirk (autora)

Para Megan y Harry
y la próxima generación

Contenido

Sesión 1: **Precioso para Jesús**   **7**

Sesión 2: **Pertenezco a Jesús**   **13**

Sesión 3: **¿Quiénes forman tu familia?**   **19**

Sesión 4: **El cuidado en la familia**   **25**

Sesión 5: **Tu nuevo cuerpo**   **31**

Sesión 6: **Crecer en tu familia**   **37**

Bienvenido a la familia de Dios

Mi nombre es:
_____

Mi amigo especial es:
_____

Mi iglesia es:
_____

_____

_____

Nos reuniremos en:
_____

_____

Mi dirección es:
_____

_____

_____

_____

1

Precioso para Jesús

> Me llamo Dafne. Escribí estos libros para ayudarte a ti y a tu amigo especial a aprender sobre tu nueva vida con Jesús.

Precioso para Jesús

Me pregunto, ¿por qué has decidido seguir a Jesús?

Quizás me puedes contar por qué.

Yo sigo a Jesús hoy porque.... _____

_____

_____

_____

_____

Antes de haber aceptado a Jesús hiciste muchas cosas sin pensar en lo que Él quería. Ahora es difícil pensar cómo va a ser tu nueva vida. Algunos juguetes vienen con un libro de instrucciones – y si queremos utilizar el juguete correctamente necesitamos leerlo, de lo contrario podríamos jugar con él sin darnos cuenta de todas las cosas maravillosas que puede hacer.

Sería triste que no conociésemos todas las cosas maravillosas sobre nuestra nueva vida con Jesús.

La Biblia es nuestro libro de instrucciones y juntos aprenderemos cómo usarla.

Dime algunas cosas que piensas que te harían feliz, o más feliz

Sería feliz si..

....

Sería feliz si..

....

Sería feliz si..

....

Sería feliz si..

....

Aquí hay algunas cosas que quizás piensas que te harían feliz . . .

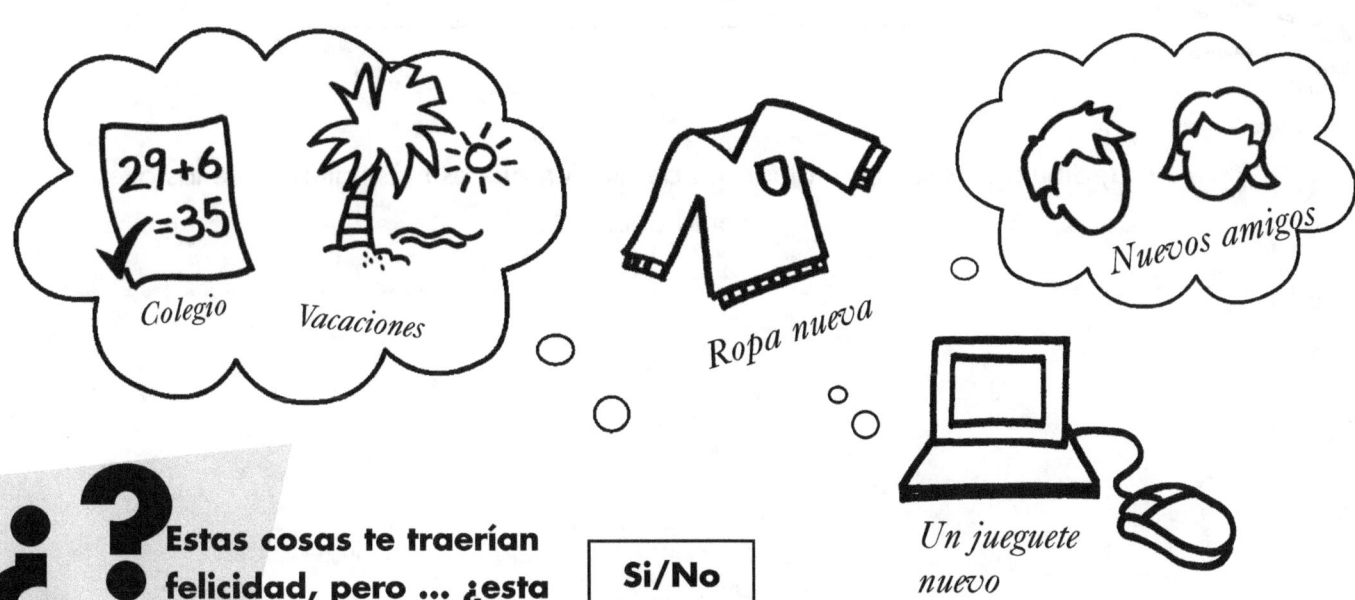

Colegio   *Vacaciones*   *Ropa nueva*   *Nuevos amigos*

Un jueguete nuevo

¿? **Estas cosas te traerían felicidad, pero ... ¿esta felicidad sería duradera?**

Si/No

La respuesta es "No" porque las cosas cambian - siempre habrá mejores juguetes en las tiendas - las vacaciones terminan - los amigos no siempre son amables con nosotros - la ropa nos quedará pequeña - y, al final nuestra felicidad también se irá

Tu nueva vida con Jesús es diferente. Has dado tu vida a Jesús para que Él te cuide. Él cree que eres más precioso y más valioso que cualquier cosa que te puedas imaginar.

¿Cuál es la cosa más preciosa que te puedes imaginar?

_____

_____

_____

Tú eres tan precioso para Jesús que Él murió por ti.
Puedes confiar y creer que Él cuidará de ti.

Leed Mateo 6:26

¿A quiénes alimenta Dios Padre?

_____

Ahora, dibuja o busca una fotografía de alguien que es más valioso que las aves y ponla aquí... . . .

Memorizar Versículo

● Este es el versículo de la semana. Puedes aprenderlo y después decírselo a tu amigo especial o quizás podéis aprenderlo juntos.

Porque tanto amó Dios al mundo, que dio a su Hijo *único*, para que todo el que crea en él no se pierda, sino que tenga vida eterna.

Juan 3:16

Más cosas . . .

1. Hablad sobre alguien que sea precioso para vosotros dos.

Para mi amigo especial

2. Luego, escribidle cada uno una carta diciéndole por qué le queréis. Entregadle juntos las cartas esta semana.

2

Pertenezco a Jesús

Pertenezco a Jesús

Leed Lucas 1:31-33

¿Cuánto tiempo durará el Reino?
Un día ó 1000 años de Dios ó para siempre?

¿Quién es el rey en el Reino de Dios?
¿Es el Rey Arturo o Jesús o el Rey Juan Carlos?

Tengo algo que contarte, que puede parecer un enigma/rompecabezas, pero que es verdad. Algunas cosas sobre el Reino de Dios son difíciles de entender, pero igual podemos creerlas y emocionarnos. ¿Estás listo? Voy a contarte algo maravillso.

Tú estas **en** el Reino de Dios
y
el Reino de Dios está **en** ti
porque Jesús está en ti
Lee Lucas 17:21

¡Qué guay!

Partida de Nacimiento

Nombre: ....

Nombre de tu mamá: ....

Nombre de tu papá: ....

Fecha de nacimiento: ....

Lugar de nacimiento: ....

Ciudadano de: ....

Ahora tienes otro cumpleaños - cuando "naciste de nuevo" en el Reino de Dios

Partida del Nuevo Nacimiento

Nombre: ....

Fecha de tu nuevo nacimiento: ....

Lugar de tu nuevo nacimiento: ....

Ciudadano del .... de Dios.

¡Ahora estás preparado para escuchar a Jesús!

**Tú eres una persona muy especial.
¿Por qué crees que eres muy especial?**

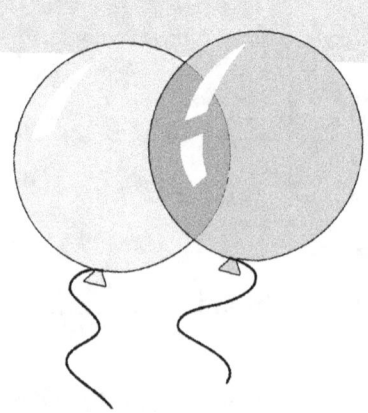

Yo creo que soy especial porque_____

_____

_____

No eres especial por las cosas que has hecho.
Tú eres especial simplemente por que eres. . .

_____

(Escribe aquí tu nombre)

¿A que es una noticia maravillosa?

_____

Juntos vamos a descubrir muchas cosas
maravillosas - cuando les hables a tus amigos del Rey Jesús, ellos también podrán
conocerle y pertenecer al Reino de Dios.

Memorizar Versículo

● Este es el versículo de la semana. Puedes aprenderlo y después decírselo a tu amigo especial o quizás podéis aprenderlo juntos.

y reinará...

para siempre.

Su reinado no tendrá fin.

Lucas 1:33

Más cosas . . .

1. Comparte qué sucedió cuando entregastéis las cartas la semana pasada.

2. Pregúntale a tu amigo cuándo fue que nació de nuevo en el Reino de Dios. Pregúntale cómo fue.

▲ Esta semana, id juntos a otra persona y preguntadle cómo fue que nació de nuevo.

?

3

¿Quienes forman tu familia?

¿Quiénes forman tu familia?

El plan de Dios es que todo bebé tenga su familia -
una mamá, un papá, parientes o alguien que le ame y cuide de él.

¿Tienes una foto de tu familia?
Si no la tienes, dibújala.

Cuando te entregaste a Cristo viniste a formar parte de una nueva familia.

Leed Efesios 2:19

Ahora somos miembros de la familia de

_____

Los primeros cristianos se reunían en sus casas, comían juntos y disfrutaban juntos
¡igual que una familia!

¿Qué piensas que es la **'iglesia'**?

_____

Son todas las personas de la **familia de Dios**.

Jesús también les llama su **cuerpo**.

La iglesia está compuesta por diferentes personas

Háblame de tu **iglesia**.

Nuestro **pastor** se llama: _____

Otros miembros de mi iglesia son: _____

_____

_____

_____

_____

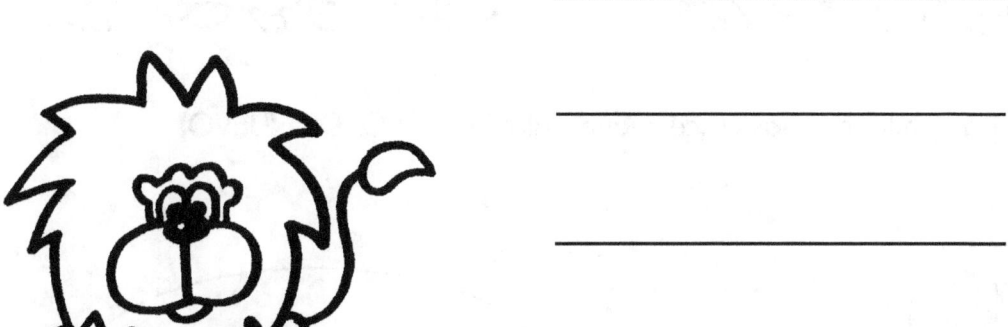

A medida que más gente conoce a Jesús, la familia de Dios crece y crece.

Una familia crece cuando nace un bebé.

¡La familia de Dios crece cuando alguien **NACE DE NUEVO**!

Es algo emocionante, ¿verdad?

● Este es el versículo de la semana. Puedes aprenderlo y después decírselo a tu amigo especial o quizás podéis aprenderlo juntos.

Yo soy el camino, la verdad
y la vida...
Nadie llega al Padre
sino por mí.

Juan 14:6

Más cosas . . .

1. ¿Recuerdas lo que pasó cuando preguntaste a esa otra persona cómo nació de nuevo? Hablad de ello.

Pídele a tu amigo especial que te cuente de su familia o de su iglesia.

4

El cuidado en la familia

El cuidado en la familia

¿Acabas de entregarte a Cristo? _____ Ahora tienes **DOS** cumpleaños y **DOS** edades.

Les naciste a tus padres el .... y ahora tienes .... años.
(Tu cumpleaños físico)

Tú naciste en la familia de Dios el .... y ahora tienes .... años.
(Tu cumpleaños espiritual.)

Necesitas crecer físicamente. Para ello cuidas de tu cuerpo. ¿Cómo? Comiendo, haciendo ejercicio y bañándote.

Cuándo tenías 1 semana de nacido, ¿qué comías?

_____

Cuando tenías 1 año de edad ¿qué comías?

_____

¿Qué comes hoy en día?

_____

_____

Cuando eras bebé, ¿quién te cuidaba y se encargaba de alimentarte bien?

_____

26

Ahora necesitas crecer y aprender en el Reino de Dios.

Hebreos 5:12 dice que cuando empezamos nuestra vida en el Reino de Dios nosotros somos bebés que bebemos _ _ _ _ _.
No somos suficientemente mayores para tomar alimento _ _ _ _ _ _.

"Leche" aquí quiere decir las enseñanzas de la Biblia que necesitas cuando primero conoces a Cristo. Necesitas que otros te den el "alimento" correcto en el momento correcto, usando la Biblia.

Yo te voy a ayudar en este caminar juntos

Tu amigo ....
que te acompaña cada semana también te va a ayudar.

¿Quiénes son las otras personas que te pueden ayudar a comer el alimento correcto en el Reino de Dios y a aprender qué es bueno y qué es malo?

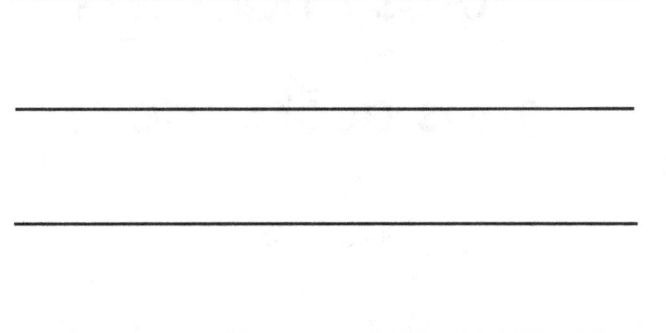

● Este es el versículo de la semana. Puedes aprenderlo y después decírselo a tu amigo especial o quizás podéis aprenderlo juntos.

La paz os dejo;

mi paz os doy...

No os angustiéis

ni os acobardéis.

Juan 14:27

Más cosas . . .

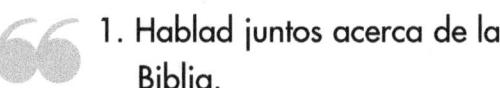 1. Hablad juntos acerca de la Biblia.

2. ¿Tu amigo especial encontraba la Biblia fácil de entender cuando era niño?

3. ¿Quién le ayudó a tu amigo especial a entender la Biblia?

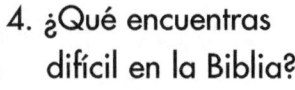 4. ¿Qué encuentras difícil en la Biblia?

5. ¿Cómo puede ayudarte tu amigo?

5

Tu nuevo cuerpo

Tu nuevo cuerpo

Me gustaría que dibujaras o pegaras una foto tuya aquí.

[ ]

Tú eres una persona muy especial e importante

¿Puedes decirle a tu ojo que ya no lo necesitas? Si/No

¿Puedes decirle a tu mano que ya no la necesitas? Si/No

¿Puedes decirles a tus pies que ya no los necesitas? Si/No

Necesitamos todo nuestro cuerpo - cada parte es importante y especial. Es muy triste cuado algo malo le pasa a una de las partes

¿Puedes decirle a alguien de tu iglesia que no le necesitas? ¡NO! Recuerda que cada parte del cuerpo es necesaria e importante, igual que tus ojos, manos y pies.

Cada parte de tu cuerpo cuida de las otras partes.

Traza líneas para mostrar lo que una parte hace por las otras. Sigue el ejemplo que te doy.

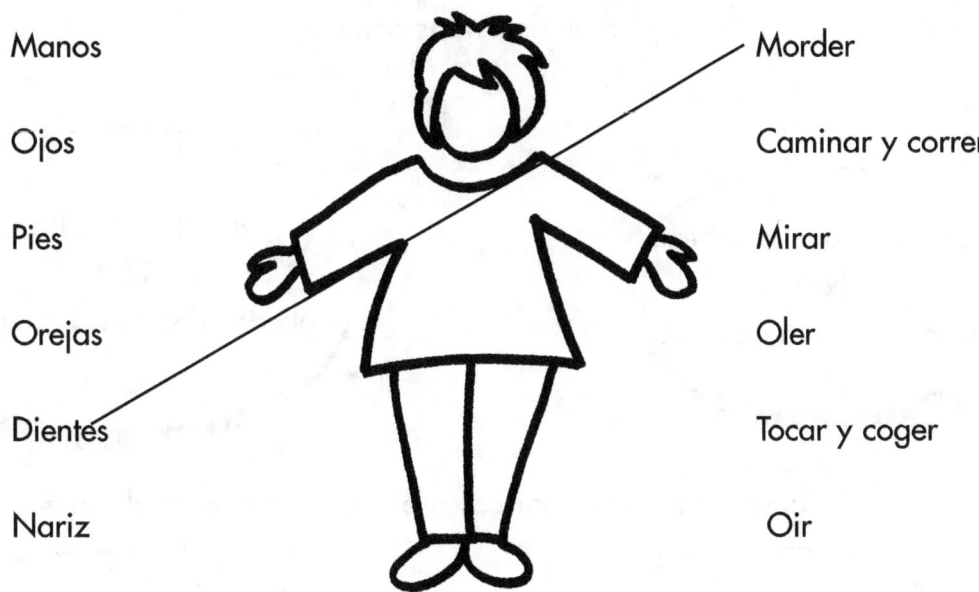

Manos

Ojos

Pies

Orejas

Dientes

Nariz

Morder

Caminar y correr

Mirar

Oler

Tocar y coger

Oir

Es importante que en el Cuerpo de Jesús cada una de las partes cuide y ayude a las demás.

¿Qué puedes hacer para demostrar a otro miembro de tu iglesia que realmente quieres cuidarle y ayudarle?

_____

_____

_____

_____

Recuerda, habrá momentos en los que no te guste lo que hace otra persona.

Puede que no te guste lo que **HACE,** pero esa no es razón para que esa **PERSONA** no te guste.

> **Ahora lee 1 Corintios 12:18-21**
> (Si te resulta fácil leer y te gusta, puedes leer
> desde el verso 14 hasta el 21 y puede que
> lo entiendas casi todo.)

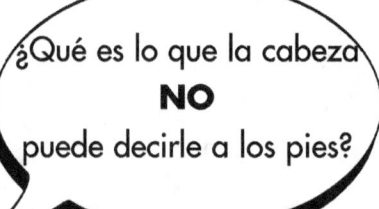

¿Qué es lo que la cabeza
NO
puede decirle a los pies?

¿Qué es lo que los ojos
NO
pueden decirle a las manos?

Tal vez puedes rellenar cosas buenas que pueden decirles.

66

¿Qué puedes
decirle a otra
persona para
animarla?

99

Memorizar Versículo

● Este es el versículo de la semana. Puedes aprenderlo y después decírselo a tu amigo especial o quizás podéis aprenderlo juntos.

...Dios colocó
cada miembro del cuerpo
como mejor le pareció.

1 Corintios 12:18

Más cosas . . .

1. Hablad sobre lo que podéis hacer esta semana para mostrarle a alguien que queréis cuidarle y ayudarle.
(Mira la página 35)

2. Planificad cuándo lo vais a hacer.

3. Orad juntos sobre esto.

36

6

Crecer en tu familia

Crecer en tu familia

Al crecer en tu familia, aprendiste que las cosas eran...

correctas (buenas)

e **incorrectas** (malas)

Marca con un ☑ si aprendiste que era bueno y
con X si aprendiste que era malo.

Jugar con cuchillos. ☐

Lavarse los dientes. ☐

Cruzar la calle sin mirar. ☐

Decir la verdad. ☐

Ordenar tu habitación. ☐

Hacer daño a las personas. ☐

Compartir tus juguetes. ☐

Pelear con otros niños. ☐

En la familia de Dios continuamos aprendiendo qué está bien y qué está mal.

Si hacemos lo incorrecto, generalmente hacemos daño a alguien.
Por eso es bueno, para el bien de todos, que tratemos de hacer lo correcto.

Si **juegas con cuchillos**, ¿a quién puedes hacer daño?

_____

Si **peleas con otros niños**, ¿a quién haces daño?

_____

Habrá cosas que necesitarás combatir. Rodea las que te cuestan más:

Odio Miedo **Desobediencia**

No perdonar

Mentira

Orgullo

Dios nos ha dado una espada para luchar contra Satanás.

Leed Efesios 6:17

La espada del Espíritu que es la _ _ _ _ _ _ _ **de D** _ _ _
(ó la B _ _ _ _ _ **).**

Esta es una buena noticia, ¿no crees?
Cuanto más crecemos como cristianos
– y más aprendemos de la Biblia –
más capaces seremos de luchar contra
Satanás y **GANARLE**.

_____
(Pon tu nombre aquí.)

**es un
ganador
con
Jesús**

Cuando te encuentras en dificultades, ¿a quién pides ayuda?

_____

Cuando te cueste luchar contra las cosas que están mal . . .

recuerda . . .

Tú perteneces a la familia de Dios y Él es tu Padre.
Podemos **orar,** que es como tener una línea telefónica directa con Dios.
Le puedes pedir que te ayude.

Tú eres un miembro de la familia de Dios.
Marca la casilla que indica dónde puedes hablar con tu Padre del cielo:

Solamente en la iglesia ☐

Solamente los domingos ☐

Solamente con mis amigos ☐

Solamente cuando tengo problemas ☐

En todo tiempo y en cualquier lugar ☐

La última casilla es la correcta.

Puedes hablar con Dios en todo tiempo y en cualquier lugar.

Memorizar Versículo

● Este es el versículo de la semana. Puedes aprenderlo y después decírselo a tu amigo especial o quizás podéis aprenderlo juntos.

Tomad

el casco de la salvación

y la espada del Espíritu,

que es

la palabra de Dios.

Efesios 6:17

Más cosas . . .

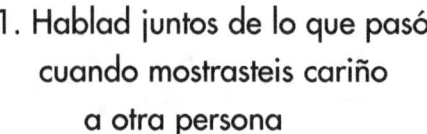

1. Hablad juntos de lo que pasó cuando mostrasteis cariño a otra persona

2. Orad juntos por esa persona.

3. Pregúntale a tu amigo especial qué le causa problemas (ver pag. 41) y pregúntale cómo lucha contra eso.

4 Ora por tu amigo especial.

Que cada uno escriba aquí su versículo
favorito de este libro:

Si tienes preguntas sobre este libro, escríbelas aquí para hablar de ellas luego con tu amigo especial.

_____

_____

_____

_____

_____

_____

_____

_____

_____